COUP DE FOUDRE

© 2010 Presses Aventure pour l'édition française
© 2007 Orange Avenue Publishing LLC pour l'édition originale anglaise
© 2007 Illustrations Kristin Bowler

Presses Aventure, une division de Les Publications Modus Vivendi inc.
55, rue Jean-Talon Ouest, 2e étage
Montréal (Québec) H2R 2W8, Canada

Publié pour la première fois en 2007 par Zest Books, une division
de Orange Avenue Publishing sous le titre *Crush*

Traduit de l'anglais par Karine Blanchard

Artisans de l'édition originale :
Directrice éditoriale : Karen Macklin
Directrice de la création : Hallie Warshaw
Auteure : Erin Elisabeth Conley
Éditrice : Karen Macklin
Illustratrice : Kristin Bowler
Designer graphique : Cari McLaughlin
Artiste de production : Cari McLaughlin

Dépôt légal - Bibliothèque et Archives nationales du Québec, 2010
Dépôt légal - Bibliothèque et Archives Canada, 2010

ISBN 978-2-89660-086-1

Nous reconnaissons l'aide financière du gouvernement du Canada par
l'entremise du Programme d'aide au développement de l'industrie de
l'édition (PADIÉ) pour nos activités d'édition.

Gouvernement du Québec – Programme de crédit d'impôt pour l'édition
de livres – Gestion SODEC

Imprimé au Canada

COUP DE FOUDRE

ou comment ne pas perdre la tête en amour

Erin Elisabeth Conley

www.pressesaventure.com

Si tu siffles en travaillant, si tu laisses tes clés dans le réfrigérateur ou si tu vois des étoiles filantes en plein après-midi, pas de doute, chérie, *tu es amoureuse* – ou tu dois consulter un médecin. Un coup de foudre transforme l'ordinaire en *extra*ordinaire. Il peut métamorphoser la plus paresseuse en une lève-tôt dynamique, comme il peut motiver la plus léthargique à courir 10 km chaque jour après l'école.

Mais un coup de foudre peut aussi être dévastateur.

Pourquoi ? Parce qu'un coup de foudre peut aussi te laisser foudroyée. Alors, pourquoi courir après ? Pourquoi prendre ce risque ? Bonne question. L'inévitable réponse : parce que tu n'y peux rien. Les humains sont programmés comme ça. Un coup de foudre, ce n'est pas quelque chose qu'on peut éviter, comme un voisin envahissant ou un cousin détestable. *Les coups de foudre arrivent bêtement, comme ça,* sans qu'on s'y attende le moins du monde.

C'est peut-être déjà trop tard pour toi. Tu es peut-être déjà sous le charme de ce mignon étudiant étranger, du serveur au café du coin, du commis au bureau de poste ou de ton bon ami. Peut-être es-tu, au contraire, en pleine chasse à l'homme (c'est bien connu, un coup de foudre tout frais est sans doute le meilleur moyen d'oublier le précédent). Bref, peu importe ton état d'esprit, tu trouveras dans *Coup de foudre* de quoi faire battre ton cœur.

Tu pourras y puiser d'infaillibles techniques de flirt, des réparties mordantes et de précieux conseils pour planifier le parfait rendez-vous. Tu apprendras aussi comment gérer *les moments enivrants* et comment observer un garçon sans avoir l'air de le traquer. Tu découvriras comment faire durer une relation et comment guérir un cœur brisé.

Quand le coup de foudre te frappera, tu peux être étourdie et bouche bée, ou carrément pas bien du tout, mais tu verras que, souvent, l'amour trouve le moyen de faire son chemin… et de te combler. Et cette seule possibilité fait en sorte que ça vaut toujours la peine de prendre le risque… et de voir *ce que te réserve* ton prochain coup de foudre!

TABLE DES MATIÈRES

7. Alerte au harcèlement : quand un béguin va trop loin 109

8. Le début de la fin : tristes jours passés, lendemains plus heureux 119

Coup de foudre :
mains moites et
autres signes qui
ne trompent pas

Diagnostic de Dr Cupidon : la maladie d'amour et ses remèdes

Comment on se sent quand on est follement en amour ? Ça, ça dépend de chacune. Comme pour bien d'autres choses, chaque fille a sa propre façon de réagir à ce fabuleux phénomène. Les symptômes peuvent aller d'un simple mal de tête à un franc étourdissement. Tu peux aussi être carrément malade. Tu peux rougir ou craquer, t'évanouir ou grogner. Tu peux être nerveuse ou à cran, calme ou roucoulante. Mais tu peux aussi perdre l'appétit. Et arrêter de dormir. Ou de penser, de respirer et de regarder des deux côtés avant de traverser. Une chose est certaine, tu te mettras à rêvasser, à divaguer, à sélectionner attentivement ce que tu vas porter et à te pomponner.

Fait important à noter, les coups de foudre, c'est toujours compliqué. Ça peut même devenir un peu apeurant, quand on y pense. Si on regarde tous les symptômes de cette maladie d'amour, on peut se demander si on a attrapé un virus ou si c'est seulement un coup de foudre qui a fait son œuvre. Si tu n'arrives pas à t'expliquer tous tes agissements bizarres, écoute ta petite voix, parles-en à quelqu'un en qui tu as confiance, écris dans ton journal, va prendre une marche ou perds ta tête dans les nuages. Bien vite, tu entendras ton cœur battre si fort que tu sauras que tu as bien été frappée par un intense et puissant coup de foudre.

Comment savoir ?

« Tu sais que tu es amoureuse quand c'est la seule chose à laquelle tu penses, quand tu crois que, sans ça, tu n'es rien et tu ne peux pas survivre. Seulement voir cette personne devient un besoin viscéral, comme la voir respirer ou la voir sourire. Tu sais que tu es amoureuse quand tu es pathétique.» - 15 ans

Foudromètre : mesurer l'intensité de ta fièvre amoureuse

Il y a un nouveau à l'école et tu penses bien que tu pourrais être amoureuse de lui. Par contre, il se pourrait aussi que tu sois un peu blasée et que tu ne sois emballée que par la nouveauté (ça arrive aux meilleures d'entre nous). Avant de lui écrire des mots doux et de te mettre en mode séduction, réfère-toi au Foudromètre pour déterminer quelles sont vraiment tes intentions.

TU ES INTENSÉMENT ATTEINTE QUAND...

« ... tu penses à lui sans arrêt. Et quand tu le vois, tu le fixes un peu trop longtemps. Tu adores passer du temps avec lui et tu te rappelles chacun de ses gestes et le moindre des mots qu'il a dits. Et, même si c'est le pire des idiots, tu ne peux t'empêcher de penser à lui. » - 13 ans

Mesure l'intensité de ta flamme : quand tu penses à lui,
tu as envie...

de tomber sans connaissance, de trépigner sur place,
de faire des manigances et des plans... puis de passer
ta main dans ses cheveux et de planter ton nez dans
son cou :
volcan en éruption

de te mettre à chanter, de chevaucher une licorne
ou de faire du scrapbooking :
brasier ardent

de partager un popcorn au cinéma et de peut-être
lui tenir la main :
feu de camp

de voir de quoi il a l'air en shorts d'éducation physique :
feu de Bengale

de demander à tes amies ce qu'elles pensent de lui :
nuit d'été

de le présenter à ta voisine ou à ton amie d'enfance :
bain tiède

de repasser tes bas :
douche froide

L'amour autour du monde

h liebe dich ! (allemand)

I love you ! (anglais)

Ana behibak ! (arabe)

Tangsinul sarang ha yo ! (coréen)

¡Te amo ! / ¡Te quiero ! (espagnol)

Je t'aime ! / Je t'adore ! (français)

Tá grá agan ort ! (gaélique)

S'ayapo ! (grec)

Aloha wau ia 'oe ! (hawaïen)

Ani ohevet atah ! (hébreu)

Mein tumse pyar karta hoon ! (hindi)

Eg elska thig ! (islandais)

Ti amo ! (italien)

Kimi o ai shiteru ! (japonais)

Qabang ! (klingon)

Ego te amo ! (latin)

Saya cintakan mu ! (malaisien)

Wo ai ni ! (chinois / mandarin)

Muje se mu habbat hai ! (pakistanais)

Tora dust midaram ! (persien / farsi)

Ejem aimetem ! (ouchébem)

Ja cie kocham ! (polonais)

Eu te amo ! (portugais)

Ya lyublyu tebya ! (russe)

Jag älskar dig ! (suédois)

Mahal kita ! (tagalog / philippin)

Chan rak khun ! (thaïlandais)

Seni seviyorum ! (turc)

Em ye^u anh ! (vietnamien)

Rwy'n dy garu di ! (welsh)

L'amour n'enivre : 10 raisons d'aimer les coups de foudre

1. Flirter, ça fait du bien. (Évidemment !)

2. Un coup de foudre te permet de penser à autre chose qu'à tous ces petits détails qui t'agacent (la moustache de ton prof de science, la chemise Hawaïenne de ton père ou les commentaires pédants de ton petit frère).

3. C'est la parfaite excuse pour porter tes plus belles sandales (même quand il pleut).

4. Ça te donne envie de vernir tes ongles d'orteils d'un rose éclatant et de teindre tes cheveux d'un riche brun chocolat.

5. Ça t'oblige à réfléchir et à faire des choix stratégiques pour plein de petits détails, comme la meilleure place où t'asseoir pour luncher, l'emplacement de ton casier et l'activité parascolaire la plus profitable.

6. C'est le prétexte idéal pour te mettre à boire (de l'eau et encore de l'eau) et à prendre des pilules (des vitamines énergisantes).

7. Ça te permet d'identifier les amies moins sincères : celles qui te jugent quand tu analyses en détail le son qu'il a émis quand tu l'as croisé dans le corridor.

8. Ça te fait apprécier ton réveil-matin (au lieu de le détester).

9. Ça peut te faire sourire, même pendant que tu fais les pires corvées.

10. Il y en a toujours un nouveau qui t'attend, encore plus exaltant que le précédent, prêt à te renverser.

PSITT!

l'avis des vraies filles

SANS RIME NI RAISON

« Quand je suis amoureuse, je souris tout le temps. Je me sens bien dans ma peau quand je suis près de lui. Je me sens en sécurité quand il est dans les parages. Je suis toujours un peu nerveuse, parce que j'ai peur d'avoir l'air idiote à ses yeux, mais il me fait me sentir protégée… Ça se peut, ça ? » - 14 ans

Sentiment de déjà-vu?

Un coup de foudre de ce genre, ça te dit quelque chose?

Pour une célébrité : C'est sans aucun doute le plus répandu des coups de foudre. Il va souvent de pair avec des scénarios éclatés et beaucoup de rêves éveillés. (Imagine la vedette de tes rêves qui vient te chercher en hélicoptère pour un rendez-vous galant, puis qui t'adresse mercis et mots d'amour dans son discours aux Oscars.)

Pour un superhéros : Qui peut résister à un superhéros? Ils sauvent des vies, ils sont ténébreux et mystérieux, et ils portent toujours des costumes vraiment cool. Ce genre de coup de foudre part souvent de l'enfance; et c'est toujours l'un des premiers coups de foudre que l'on vit (après celui pour son petit voisin). Les préférés de toutes : Spider-Man, Batman et Superman.

Pour l'intello de la classe : Ce coup de foudre implique deux choses. La bonne nouvelle, c'est que tu es ouverte d'esprit et que tu es capable de reconnaître le charme et la beauté là où ils passent inaperçus. La moins bonne nouvelle, c'est que les railleries seront nombreuses, à moins que tu ne gardes le secret ou que tu ne sois assez populaire pour vous deux réunis (si c'est le cas, alors fonce!).

Ton ancien gardien : Il est plus vieux que toi, mais pas trop vieux. Il te laissait toujours tricher et veiller pour écouter la télé. Il te faisait rire avec ses histoires. Malheureusement, il n'est plus payé pour venir chez toi… alors, il ne vient plus chez toi (et, honnêtement, c'est bien mieux comme ça).

Pour un étudiant étranger : Un nouvel élève, c'est intrigant. En plus, il a un accent craquant et une façon bien différente de voir le monde. Qui ne serait pas conquis ?

MON COUP DE FOUDRE
POUR UNE VEDETTE

« Dans ma vie, j'ai eu au moins un million de coups de foudre pour des vedettes et disons deux pour de « vrais » gars. Mon préféré d'entre tous, c'est sans contredit Brad Pitt. Il est si mignon ! Une bonne fois, j'étais avec une vingtaine de copines à un party pyjama. On a décidé de révéler, chacune son tour, un de nos coups de foudre secrets. Personne ne voulait commencer et partager son secret jusqu'à ce que je promette de révéler le mien. Je n'avais jamais avoué mon béguin pour quelqu'un, alors toutes les filles se sont emballées et elles ont nommé le gars de leurs rêves. Quand mon tour est venu, j'ai éclaté de rire et j'ai dit : « Brad Pitt ! » Elles m'en ont voulu longtemps. » - 15 ans

Les deux pieds dans le trouble : 10 coups de foudre à éviter

1. Ton prof de maths : Ces fanas des chiffres peuvent être attachants, mais ça ne peut pas fonctionner. Il est trop vieux et… c'est lui qui va noter ton prochain examen.

2. Le frère de ton amie : Si tu tiens à cette amitié, ce n'est vraiment pas une bonne idée. Ton amie va disjoncter si elle te surprend en train d'embrasser un membre de sa famille… dans sa maison !

3. Le facteur : Tu ne sauras jamais s'il passe chez toi aussi souvent pour te voir ou juste pour déposer le courrier. Et… t'as vu l'uniforme ?

4. Le père ou l'oncle de ton amie : Beurk ! N'y pense même pas.

5. Le clown de la classe ou la machine à potins : Dans un cas comme dans l'autre, tu risques l'étalage de ta vie au grand jour.

6. Ton dentiste : Entre la bavette en papier, les grimaces et la bave, la situation n'est-elle pas déjà assez humiliante ?

7. Le gars le plus populaire de l'école : Pourquoi t'encombrer de toute cette compétition alors que son ami est tout aussi mignon ?

8. Ton partenaire de labo ou d'étude : Du moins, pas avant d'avoir trouvé un autre cerveau charitable prêt à t'aider si cette relation s'avère un échec.

9. Ton meilleur ami : À moins que tu sois sûre, sans l'ombre d'un doute, qu'il éprouve la même chose pour toi.

10. Le copain de ton amie : Ça, c'est l'interdiction suprême si tes amitiés ont quelque valeur à tes yeux. Tu pourras dire adieu à cette amie (et à plusieurs autres, il va sans dire), et la relation sera vouée à l'échec, de toute façon.

PSITT!

l'avis des vraies filles

Monsieur Histoire

« Immonde, immoral, désastreux… Quoi qu'on puisse en penser, j'ai vraiment eu un coup de foudre pour mon prof d'histoire. Au départ, je pensais que j'étais folle de m'intéresser au sujet, puis je me suis rendu compte que, pendant les cours, je rêvassais, je l'observais, je grugeais mon crayon. Finalement, j'ai compris que j'étais sous l'emprise d'un coup de foudre. Évidemment, monsieur Histoire était un peu plus âgé que moi… D'accord, beaucoup plus vieux. Mais tout de même… Enfin, je dois avoir un faible pour les profs parce que, tout à coup, monsieur Gym me semble mignon comme tout. » – 16 ans

Es-tu prête à vivre l'amour avec un grand A?

Tu te crois prête à passer à la prochaine étape avec l'élu de ton cœur? Réponds aux questions de ce petit quiz et découvre si, oui ou non, ton coup de cœur peut se transformer en une vraie relation.

1. Employée dans un kiosque qui vend du poulet frit, tu t'affaires à la caisse quand tu vois ton béguin s'approcher. Tu…

A. Tu te mets à hyperventiler, tu te lances en dessous du comptoir et tu rampes vers l'arrière du kiosque.

B. Tu te rends directement dans le bureau de ton superviseur, tu lui remets ton uniforme et tu démissionnes sur-le-champ.

C. Tu le regardes et tu le salues, mais tu laisses ta collègue prendre sa commande.

D. Tu lui offres ton plus grand sourire, tu lui donnes gratuitement une portion de frites avec son poulet et tu le regardes manger pendant ta pause de 15 minutes.

2. Tu connais ton voisin depuis que vous êtes hauts comme ça. Un beau jour, tu le vois en train de tondre le gazon, et, comme il fait chaud, il a retiré son chandail. Mine de rien, ça te fait de l'effet. Tu...

A. Tu te jures de ne pas lui adresser la parole avant la prochaine bordée de neige.

B. Tu avales quelques capsules d'antiacide et tu pries pour que ce soit le pain de viande de ce midi qui t'a tordu l'estomac.

C. Tu réfléchis bien et, finalement, tu essaies d'apprendre à mieux le connaître pour voir s'il te fait vraiment de l'effet.

D. Tu te précipites à ses côtés, tu éteins la tondeuse et tu lui déclares ton amour passionné.

3. Chaque fois que tu essaies d'accrocher le regard du gars de tes rêves dans le corridor, il baisse les yeux et agit comme s'il était obnubilé par ses souliers. Tu...

A. Tu digères ton humiliation petit à petit et tu passes les quatre semaines qui suivent à te demander ce qui cloche chez toi.

B. Tu empruntes un nouveau chemin pour te rendre à tes cours et pour trouver un nouvel objet pour ta fixation.

C. Tu le complimentes sur son choix de chaussures. Il est peut-être simplement timide.

D. Tu lui lances ton livre d'histoire sur un pied et tu exiges de savoir pourquoi il te snobe.

4. Tu as passé toute la durée de la répétition de théâtre à discuter et à rigoler avec le gars parfait. Après la séance, tu l'invites à rester pour répéter avec toi. Et c'est là qu'il te lance la bombe : « Je suis en couple. » Tu...

A. Tu bafouilles, le regard vide, et tu sors de scène en trombe.

B. Tu ramasses tranquillement tes feuilles, en lui expliquant clairement que c'était une invitation à des fins purement pédagogiques.

C. Tu lui dis que sa copine est bien chanceuse d'avoir un gars aussi cool dans sa vie.

D. Tu lui fais un clin d'œil et tu lui assures que tu ne trahiras pas son secret.

5. Ton nouveau tuteur a finalement réussi à te faire voir clair dans ton devoir de maths. Par contre, la seule formule que tu trouves intéressante ressemble à 1 + 1 = nous deux. Le vrai problème, c'est qu'il déménage à l'étranger dans quelques semaines. Tu...

A. Tu baisses les bras. De toute façon, il n'est sûrement pas intéressé.

B. Tu cherches immédiatement un nouveau tuteur (une tutrice, de préférence). Ce gars, c'est de la torture !

C. Tu saisis ta chance et tu lui exposes tes sentiments. Pourquoi ne pas en profiter pendant que ça passe ?

D. Tu lui demandes de t'embrasser (au moins une fois) avant de partir.

6. **Tu es complètement gaga de l'acteur de l'heure. Tu n'as jamais ressenti ça pour aucun gars que tu connais, mais, cette fois, tu crois vraiment être en amour. Tu...**

A. Tu abandonnes toutes tes activités parascolaires pour avoir plus de temps à consacrer à ton obsession.

B. Tu allumes chaque soir des bougies et tu pries pour qu'il tombe amoureux de toi comme par magie.

C. Tu vas voir son dernier film quatre fois et tu achètes le DVD dès sa sortie, mais tu gardes l'œil ouvert pour un « vrai » copain potentiel.

D. Tu flambes toutes tes économies pour te rendre à Hollywood et camper devant chez lui jusqu'à ce qu'il t'invite à partager sa vie.

Réponses :

Es-tu prête à vivre l'amour avec un grand A ?

Si tu n'as que des A :

Tu sembles timide et sensible. Tu as le cœur sur la main, ce qui peut être une belle qualité, mais tu dois travailler sur ta confiance en toi avant de te lancer dans une relation. Quand ton tour viendra (dans un avenir plus rapproché que tu ne le crois), tu feras de ton amoureux un gars comblé.

Si tu n'as que des B :

Tu fuis les confrontations. Tu es donc facile à vivre, mais pas toujours facile à suivre. Ta difficulté à communiquer peut être fatale pour une relation. Tu dois faire face à ce qui te déplaît. Ça ne s'apprend pas du jour au lendemain, alors commence par les petits détails (comme le fait que ton grand frère prend toujours la plus grosse part du gâteau). Une fois les rudiments de la communication acquis, tu seras prête à t'embarquer en moins de deux.

Si tu n'as que des C :

Tu es une personne posée et très équilibrée. Évidemment, tu n'es pas parfaite (qui peut se vanter de l'être ?), mais tu sais que, dans les affaires de cœur, tu dois saisir ta chance quand elle passe. Tu as encore des choses à apprendre (encore là, qui n'en a pas ?), mais si tu tombes sur le bon gars, les portes de l'amour te seront grandes ouvertes.

Si tu n'as que des D :

Tu ne serais pas un peu mélodramatique, par hasard ? Ça fait de toi quelqu'un de passionnant, et les gens sont naturellement attirés vers toi, mais parfois, tu réagis peut-être de façon un peu trop flamboyante et ça peut en faire fuir plus d'un. Essaie de garder tes élans théâtraux pour la pièce de l'école et adoucis tes méthodes pour poursuivre l'objet de ton coup de foudre. Avec la bonne approche, teintée d'un peu de douceur, tu verras les garçons faire la file devant ta loge.

En chasse :
amoureuse à l'affût

Dans la mire : 20 zones de choix pour cibler ta nouvelle proie

Quand tu penses à ton prochain coup de cœur, comment l'imagines-tu? Un intello branché, un clown attachant, un sportif séduisant? Quand on sait ce qu'on veut, c'est plus facile de savoir où chercher. Un petit conseil : plus ton nombre de critères de sélection est élevé, moins grandes sont tes chances de le trouver !

Pour trouver ...	dirige-toi vers ...
un intellectuel	la bibliothèque ou la librairie
un grand ténébreux	le cinéma de répertoire
un dieu aux abdos d'acier	le repaire des sauveteurs
un casse-cou intrépide	le magasin de surf ou de glisse
un bum craquant	le skatepark
un fils à papa	la crèmerie
un amoureux du plein-air	le centre d'escalade
un entraîneur privé	le gym ou le YMCA
un bon danseur	le cours de hip-hop

Pour trouver ...	dirige-toi vers ...
un infomaniaque attachant	le magasin d'informatique
un type technologique	la section jeux vidéo d'un magasin à grande surface
un scientifique intrigant	la classe de chimie
un accro du bistro	le café du coin
un mystérieux athlète étranger	l'équipe de soccer, de football ou de waterpolo des visiteurs
un gars attirant par proximité	la chambre de ton grand frère, là où tous ses amis se tiennent
un gars jamais pris au dépourvu	le magasin de sport et de camping
un roi de l'argumentation	le Club des jeunes parlementaires
un jeune homme bien élevé et mature	le supermarché, où tu le trouveras en train de donner un coup de main à sa mère
un gars bien connu	la maison d'une amie ou un party
L'Élu	là où tu ne t'attends pas à le trouver...

Pouf! La formule magique d'un match parfait

C'est toujours amusant de rêver à l'homme parfait, même si tu ne l'as pas encore rencontré. Dresse une liste des critères que tu trouves importants (voire essentiels). Cet exercice t'aidera à y voir plus clair et te facilitera la tâche quand viendra le temps de déterminer ce que tu recherches vraiment chez un amoureux. Qui sait, ta liste te fera peut-être réaliser un ou deux trucs intéressants te concernant. Aiguise ton crayon, remplis le tableau ci-contre et prépare-toi tranquillement à voir tes rêves se réaliser.

PSITT!

l'avis des vraies filles

MES CRITÈRES DE SÉLECTION

« D'abord, il doit être propre. Il doit aussi être mignon, fort (mais pas trop musclé; les gars gonflés, ça me dégoûte), intelligent sans être intello et il doit avoir quelques intérêts en commun avec moi. Surtout, il ne doit pas être issu d'une famille bizarre. » - 13 ans

♡	Dans mes plus beaux rêves	Dans mes pires cauchemars	Dans la réalité
À quoi il ressemble :			
Comment il agit :			
Son odeur :			
Comment il se comporte avec moi :			
Ce à quoi il pense :			
Ce qu'il ignore :			
Qui il est vraiment :			
Ce qu'il possède :			
Ce qu'il adore :			
Ce qu'il aime :			
Ce qu'il déteste :			
Ses habiletés :			
Ce qu'il ne fera jamais :			
Ce qu'il fera toujours :			

Déchiffrer le code : les trois incontournables du non-verbal

C'est parfois difficile de savoir si quelqu'un s'intéresse à toi ou non, particulièrement si l'un de vous (ou les deux) est timide. Le langage corporel peut t'aider à déceler si ton coup de cœur te trouve charmante… ou ennuyante. Tu veux savoir s'il te trouve de son goût ? Voici quelques signaux qui ne trompent pas :

I. Un regard vaut mille mots : S'il te regarde et soutient ton regard juste une fraction de seconde plus longtemps que nécessaire, tu as peut-être frappé dans le mille. S'il regarde tes lèvres quand tu lui parles, c'est un autre indice qui témoigne de son intérêt et qui confirme que tu lui plais.

2. « Cheveux » te dire quelque chose : Tu ne l'as peut-être pas remarqué, mais tes cheveux sont un précieux outil pour draguer. Ils seront d'une aide substantielle quand viendra le temps d'interpréter ses intentions. Tu sais, quand tu joues avec une mèche de tes cheveux pour avoir l'air détachée et attachante à la fois ? Eh bien, les gars font la même chose.

Quand ils se passent la main dans les cheveux, ils veulent souvent passer le message suivant : « Je suis cool, j'ai confiance en moi et je suis le bon gars pour toi. »

3. Tu disais ? : L'important, ce n'est pas ce qu'on dit, mais comment on le dit. Et, en matière de drague, c'est encore plus vrai. Sois attentive à son ton et à sa voix. Est-ce qu'il ajuste le volume de sa voix lorsqu'il s'adresse à toi ? Est-ce que sa façon de te saluer diffère un peu de celle qu'il réserve à tous les autres ? Est-ce qu'il rit de tes blagues, même les moins drôles ? Si tu as répondu oui à toutes ces questions, c'est bon signe !

PSITT!
l'avis des vraies filles

LES YEUX GRANDS FERMÉS

« Quand il ne me regarde plus, je sais que c'est fini. Peu importent les efforts que je déploie pour capter son regard, il arrive toujours à m'éviter. Si, finalement, nos yeux se croisent, il me fait cet air piteux... qui me confirme que la fin n'est pas bien loin. » - 13 ans

Astro-logique

Si tu attends que l'univers t'envoie un signe pour te guider vers l'amour, tu peux aussi bien te fier aux étoiles pour récolter des indices. Voici un petit guide amoureux à la saveur du zodiaque.

Si ton signe, c'est :

Bélier – 21 mars au 19 avril

Tu es dynamique, amusante et vive. Le seul qui puisse te suivre, c'est sans doute le farceur de la classe ou le grand séducteur. En ce qui concerne les histoires de cœur, tu veux de l'énergie. Les timides et les paresseux ? Très peu pour toi !

Taureau – 20 avril au 20 mai

Romantique jusqu'au bout des doigts, tu veux être admirée et chouchoutée par ton chéri. Le gars de tes rêves est sans doute stylé et talentueux. Si ça se trouve, il doit être en train de te composer une chanson ou de dessiner ton portrait dans son cahier.

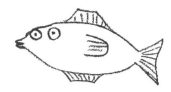

Gémeaux – 21 mai au 21 juin

Tu es un esprit libre qui refuse de s'engager pour bien long-temps. Tu peux t'amouracher du capitaine de l'équipe de foot-ball et t'en désintéresser complètement le lendemain. Mais tu ne t'en fais pas. Des gars fascinants, il y en aura tout le temps.

Cancer – 22 juin au 22 juillet

Attentionnée, dévouée et entière, tu peux parfois vivre tes rela-tions en montagnes russes. Comme la famille et les racines sont super importantes à tes yeux, tu recherches sans doute quelqu'un qui partage tes valeurs.

Lion – 23 juillet au 22 août

Tu es romantique et généreuse, mais tu aimes être le centre d'attention. Essaie d'éviter les copains trop imposants et pré-tentieux, car la reine lionne en toi rugira, et ça pourrait bien mal se terminer.

Vierge – 23 août au 22 septembre

Réaliste et équilibrée, en amour tu es souvent prête à donner autant, sinon plus que ce que tu reçois. À première vue, tu peux être attirée par un fêtard, mais tu seras sans doute plus heureuse avec un pantouflard.

Balance – 23 septembre au 23 octobre

Romantique à souhait, tu tombes souvent dans le piège d'être en amour avec l'amour. Aussi, tu as le don de t'amouracher des beaux garçons. Le plus mignon de l'école est sans doute sur ta liste de gars à conquérir. Assure-toi d'en trouver un qui a plus à offrir que du charme et de beaux sourires.

Scorpion – 24 octobre au 21 novembre

Passionnée à l'extrême, tu peux être toute dévouée, mais tu peux aussi piquer si on te blesse en premier. Tu as besoin d'un partenaire solide en qui tu peux avoir une confiance absolue.

Sagittaire – 22 novembre au 21 décembre

Tu es charmante et curieuse. Tu t'intéresses à tout et à tout le monde. Quand tu cherches l'amour, ça te facilite la tâche, mais quand tu veux trouver LE bon, c'est plus difficile. Tu pourrais être surprise par une flamme inattendue en la personne d'un ancien ami.

Capricorne – 22 décembre au 19 janvier

En ce qui a trait à l'amour, tu peux être un peu capricieuse et avoir beaucoup d'attentes. On te verra souvent tomber amoureuse du président de la classe, du leader du club de débat ou du gars le plus populaire de l'école. Rien de moins. Tu apprécies les gars qui savent ce qu'ils veulent et qui n'hésitent pas à foncer pour l'obtenir.

Verseau – 20 janvier au 18 février

Chercher l'homme de tes rêves, ça t'amuse, mais tu es plus prudente quand il s'agit de vraiment tomber amoureuse. Tu recherches un esprit vif, un gars intello (le genre de gars qui apprécie vraiment les cours de sciences). Tu as aussi un faible pour les garçons sensibles, ceux qui font preuve d'une belle conscience sociale et environnementale.

Poisson – 19 février au 20 mars

Tu as peut-être la tête dans les nuages, mais tu seras toujours prête à redescendre sur terre pour retrouver ton âme sœur. Ton meilleur parti? Un gars avec le cœur sur la main qui est aussi capable de te garder connectée à la réalité.

Craquant ou crétin?

C'est bien connu, tous les goûts sont dans la nature. Si tu trouves que le petit nouveau est super mignon, avec son t-shirt punk et ses jambes maigrelettes, ton amie le trouve peut-être affreux avec son mohawk ridicule. Ce que l'une trouve adorable, l'autre le trouve agaçant. C'est merveilleux, non? C'est la preuve qu'il y a un gars pour chaque fille et, surtout, ça te rassure sur le fait que toutes tes amies ne seront pas pâmées devant ton amoureux.

Malheureusement, deux amies peuvent tout de même avoir un faible pour le même genre de gars, ou pire, pour le même gars (on voit déjà la panique à l'horizon). Oui, ça reste possible. Si tu vis quelque chose de semblable, rappelle-toi que les coups de foudre sont passagers, mais que les amitiés restent. C'est peut-être cliché, mais c'est vrai.

Pour déterminer ce qui te branche ou non, réponds à ce petit quiz. Ensuite, demande à tes meilleures amies de le remplir. Vous verrez à quel point vos goûts sont différents (ou pas).

	CRAQUANT	CRÉTIN
Il te fait des clins d'œil suggestifs		
Il rougit quand il te voit		
Il t'accueille avec un bouquet de ballons		
Il compose un poème à propos de tes orteils		
Il préfère les boxers		
Il a des fossettes		
Il t'embrasse les yeux ouverts		
Il porte de l'eau de cologne		
Il est le clown de la classe		
Il se tient avec tes amis		
Il fait des drames avec des riens		
Il te laisse toujours gagner		
Il t'appelle par ton nom de famille		

Suite à la page 44 . . .

	CRAQUANT	CRÉTIN
Il se teint les cheveux en bleu		
Il connaît par cœur le tableau périodique des éléments		
Il dort jusqu'à midi		
Il a une barbichette		
Il chante dans un groupe		
Il est un grand romantique		
Il a du style		
Il peint des autoportraits		
Il conduit un Vespa		
Il veut devenir premier ministre		
Il met plus de temps que toi pour se préparer		
Il est le plus populaire de son école		
Il aime sa mère		
Il t'aime et il te le dit souvent		

PSITT!
l'avis des vraies filles

« Ze » liste

« À quoi ressemblerait mon copain de rêve ? Au risque de paraître superficielle, voici d'abord son aspect physique : Cheveux bruns, yeux bleus. Grand, très grand. Plus grand que moi. Je mesure près de 1,75 m, alors j'aimerais qu'il mesure au moins 1,90 m. J'aimerais qu'il s'entende bien avec mes amies et que je puisse bien m'entendre avec les siens. J'aimerais qu'il soit vraiment drôle et qu'il sache me faire sourire. J'aimerais être à l'aise avec lui, pouvoir lui faire confiance… J'aimerais le regarder dans les yeux et savoir que tout est parfait. **»** - 13 ans

PSITT!
l'avis des vraies filles

Une histoire de famille

« Le copain idéal pour moi arriverait à bien s'entendre avec ma famille, du côté de mon père. Si la famille de mon père n'aime pas mon copain, c'est peine perdue. Si c'est du côté de ma mère que ça se gâte, je pourrai toujours les convaincre que c'est un bon garçon. **»** - 13 ans

L'art du feng shui

Avant de repeindre ta chambre en bleu ou de surmonter ton lit d'une montagne de coussins à franges, tu pourrais d'abord te laisser inspirer par quelques chinoiseries. En effet, si l'on croit aux principes du feng shui, pratique ancestrale originaire de l'Extrême-Orient, quand vient le temps de décorer, la plus anodine des décisions — comme déposer une ou deux chandelles parfumées sur la table de chevet — peut avoir une influence sur ton statut de fille célibataire.

En d'autres mots, les préceptes du feng shui visent à t'aider à créer autour de toi un environnement empreint d'énergie positive et d'harmonie. L'essentiel, c'est d'abord de ranger le désordre, avoir le dessus sur les moutons de poussière et vivre le moment présent. Tu dois enrayer l'énergie négative et disposer ton univers d'une manière accueillante et chaleureuse. L'énergie positive qui circule chez toi est nommée chi. Et quand le chi va, tout va! (Et l'amour n'y échappe pas.)

Ainsi, si tu veux être bien dans ton nid et être prête à accueillir quelqu'un dans ta vie, observe ces petits trucs feng shui et demande à l'univers de recevoir l'amour que tu mérites. Avec ton esprit ouvert et créatif, tu attireras vers toi ce que tu veux en moins de deux.

Petits secrets feng shui

1. Propre, propre, propre

Une chambre en désordre = un cœur en désordre. Ne dissimule rien sous ton lit, vide ta corbeille tous les jours et évite de te servir de ton plancher comme d'un panier à linge sale. À bas les toiles d'araignée, les taches de moisissure et la poussière. Après le grand ménage, fait résonner une cloche ou tape dans tes mains (avec vigueur) autour de la pièce pour évacuer toute trace de mauvaise énergie restante.

2. Sois dans le ton

Les couleurs chaudes, comme les roses tendres, les rouges riches, les bruns chocolatés et les jaunes crémeux empliront ton quotidien d'une douce chaleur. Essaie d'éviter les couleurs froides, comme les bleus, les verts ou les gris pâles.

3. Les deux font la paire

Décore le coin supérieur droit de ta chambre avec de jolis objets, disposés en paires, si possible. Tu peux opter pour de petits cœurs de cristal, des pivoines roses fraîches ou des lampions rouges.

4. Couvre tes arrières

Selon les principes du feng shui, l'énergie positive peut fuir à travers un drain ouvert. Si ta chambre se trouve près d'une salle de bain, essaie de toujours fermer le couvercle de la toilette (à moins que tu ne sois en train de l'utiliser!) pour éviter de voir tes progrès amoureux chassés vers les égouts. (Ce conseil sera peut-être difficile à mettre en application si tu habites avec un ou plusieurs membres de la gent masculine.)

5. Pas besoin de frapper pour entrer chez moi

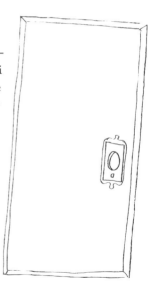

D'accord, les garçons ne sont peut-être pas admis dans ta chambre (loi parentale oblige!), mais il reste que la porte de ta chambre doit pouvoir être ouverte au grand complet et sans entrave. Une porte qui coince ou qui grince empêche l'énergie amoureuse de circuler librement dans ta vie. Assure-toi aussi que la poignée de la porte soit bien fixée. Une poignée qui ballotte pourrait être le témoin de ton manque d'emprise sur ta vie amoureuse.

6. Lit-berté

Installe ton lit sur le mur opposé à la porte, mais ne le place pas directement devant. Tente de ne pas le submerger de coussins à frisons, de poupées et de peluches. Un surplus de ces objets très fifilles suggère qu'il n'y a pas de place dans ta vie pour les garçons.

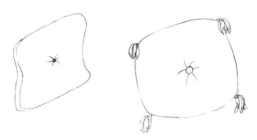

7. Hommage à l'homme

Fais un collage ou crée une sorte de sanctuaire dédié à ton coup de cœur. Choisis des images qui le représentent, des photos, des lettres ou des bidules qui te font penser à lui. Installe ta création dans un endroit apaisant, où tu pourras le regarder tous les jours, en méditant sur des pensées romantiques.

Les coups de foudre dont ta mère ne t'a jamais parlé

Voici quelques anecdotes vécues par des filles comme toi... Toutes ont flanché sous l'emprise d'un coup de cœur inattendu.

Un homme plus vieux

« Évidemment, j'ai déjà eu un coup de foudre pour un gars plus âgé que moi. Ils sont plus matures, plus grands, plus forts... bref, plus attirants. En plus, ils savent conduire. **»** - 15 ans

L'ami de mon frère

« Je l'ai aimé pendant trois ou quatre ans. Il s'appelait Philippe. C'était l'ami de mon frère aîné. Il était très gentil avec moi (ce qui, en soi, était déjà étonnant de la part d'un ami de mon frère) et il prenait ma défense quand son propre frère se moquait de moi. Je l'ai finalement embrassé, quelques mois plus tard. C'était super. On se parle encore, à l'occasion. **»** - 15 ans

UNE FILLE

« J'ai vraiment eu un choc quand je me suis rendu compte que j'avais eu un coup de foudre pour une fille. J'étais pourtant certaine d'être attirée par les garçons, alors ça m'a déstabilisée; j'étais confuse. En fait, ça m'a fait peur — pas le fait d'avoir un faible pour une fille, mais plutôt le fait que je ne l'avais jamais cru possible. C'est épeurant de se rendre compte qu'on ne se connaît pas vraiment. Cette simple prise de conscience m'obsédait. Je voulais m'obliger à choisir une fois pour toutes entre les filles ou les garçons. Je me suis torturée avec ça pendant plus d'une semaine, jusqu'à ce que je réalise que je n'avais pas à faire ce choix maintenant. J'ai décidé de me faire confiance et d'être en harmonie avec ce que je vivais aujourd'hui. Pour la suite, on verra bien. » – 15 ans

51

Pêche fructueuse : comment lui mettre le grappin dessus

Découvre ses petits secrets

Tu es prête, Sherlockette? Tu sais déjà que tu le trouves adorable et que son sourire te fait fondre. Mais que connais-tu vraiment de ce garçon qui te fait perdre la tête? Plus tu en apprends à son sujet (ses passe-temps, ce qu'il aime, ce qu'il déteste, son tempérament), plus tu sauras comment alimenter la conversation quand, enfin, vous aurez la chance de discuter. Tu peux d'abord lui poser des questions pour lui permettre de s'ouvrir sur ce qui lui tient à cœur, comme son emploi d'été, son tannant de petit frère, son nouveau skate ou son groupe préféré. Il sera sans doute impressionné de découvrir à quel point tu es charmée, mais aussi charmante, et intéressée, mais surtout intéressante. S'il s'avère être complètement ennuyant, eh bien, au moins, tu le sauras avant de perdre ton temps avec ce gars qui n'est pas du tout comme tu l'avais imaginé.

Prépare-toi, sors ton arsenal d'espionne et transforme-toi en détective. Le plus grand talent d'un agent secret? Sa capacité à agir en *secret*. Tâche d'être discrète et de ne pas te faire prendre, si tu ne veux pas avoir l'air un peu tarée. Investigue auprès d'amis (les tiens, les siens, peu importe), de voisins, de frères et sœurs ou de cousins. Observe ses allées et venues, ses habitudes et ses manies (mais sans que ça devienne une obsession — santé mentale oblige). Ouvre grands les yeux et les oreilles. La quantité d'informations que tu peux amasser te surprendra !

PSITT!

l'avis des vraies filles

BEAUCOUP TROP D'INFORMATIONS

« Quand j'ai un coup de foudre pour quelqu'un, j'essaie toujours d'en apprendre le plus possible à son sujet. C'est un peu comme si je le suivais à la trace (sans le harceler, quand même !). Pendant presque quatre ans, j'ai aimé un gars et je suis devenue très proche de sa famille à force de passer du temps avec eux. J'inventais plein de raisons bidon pour l'appeler, puis on discutait de tout et de rien pendant quelques minutes. Une de mes amies l'a un jour appelé pour lui dire que je l'aimais. Je l'ai ensuite appelé à mon tour pour lui faire comprendre que ce n'était pas vrai. J'étais tellement gênée ! Je suis même allée jusqu'à inviter son petit frère à une fête parce que je savais que si son frère venait, il viendrait aussi. Les choses ont mal tourné et j'ai fini par lancer mon verre au visage de son petit frère. Lui, il a trouvé ça hilarant. Sérieux... J'ai arrosé son petit frère !

Qu'est-ce qu'il peut demander de plus ? » - 15 ans

Techniques de flirt infaillibles

Jamais deux sans trois

Habituellement, en matière de flirt, au moins trois indices (verbaux ou non-verbaux) sont nécessaires pour faire passer le message. Au premier assaut, il se demandera si tu es en train de le draguer ou si tu es simplement gentille. Dès la deuxième tentative, il commencera à se douter de quelque chose, mais il ne sera sans doute pas prêt à y donner suite. La troisième fois sera la bonne, et il risque fort d'être prêt à flirter à son tour.

Juste pour rire

C'est le temps de montrer tes fossettes et de rire de ses blagues. Tu peux même lui mettre une main sur l'épaule en lui disant à quel point tu le trouves drôle (surtout si c'est vrai).

Sois bien entourée…

Reste toujours avec tes amies quand tu passes près d'un groupe de garçons. Au préalable, mandate l'une d'elles pour qu'elle observe qui a regardé qui.

Mais reste disponible

Si tu es avec tes amies, quitte la meute une fois de temps en temps, sinon il ne captera jamais ton intérêt.

Si tu te sens belle, c'est que tu es belle

Porte toujours des vêtements dans lesquels tu te sens bien et garde la tête haute. Tu seras magnifique.

Souris en regardant par-dessus ton épaule

Ça ne ment pas! Ce geste en dit long sur l'intérêt que tu lui portes.

Scrute-le... de la tête aux pieds

Un long regard appuyé est l'indice le plus clair que tu puisses lui transmettre.

Écoute bien ce truc qui bat

Laisse ton cœur te guider.

Les secrets du métier

La perfection peut être ennuyante, mais ça ne veut pas dire que tu ne dois pas t'efforcer de paraître à ton meilleur, surtout si tu es en pleine chasse à l'homme. La chance de tomber nez à nez avec ton coup de cœur est bien réelle, chaque fois que tu sors de chez toi. En effet, tu ne sais jamais quand et où tu pourrais le rencontrer. N'est-ce pas merveilleux ?

Voici dix petits trucs pour être toujours prête à affronter l'imprévisible :

1. Aie toujours avec toi un tube de brillant à lèvres.

2. Aie confiance en toi. C'est encore mieux que le brillant à lèvres.

3. Parfume-toi. Les garçons ont l'odorat sensible.

4. Sois timidement réservée et un brin mystérieuse.

5. Demande-lui conseil sans jouer les cruches.

6. Ris avec lui, et non pas de lui (du moins, pas au début).

7. Ne te prends pas trop au sérieux. Ça prouve que tu as le sens de l'humour et que tu es capable d'un peu d'autodérision.

8. Sois toi-même. Personne n'aime les visages à deux faces.

9. Porte toujours des vêtements dans lesquels tu te sens belle et bien.

10. Attends de grandes choses de la vie et sois persuadée que tu les mérites et que tu les obtiendras.

L'ATTENTE

« Je n'ai jamais fait grand-chose pour me faire remarquer. J'ai déjà été vraiment stressée à cause d'un gars. Je suis plutôt du genre à attendre qu'il fasse les premiers pas, alors ça me bouleverse quand il ne les fait pas. » - 13 ans

Quand le hasard est au rendez-vous

Parfois, le destin a besoin d'un petit coup de pouce. Évidemment, tu es persuadée que ton coup de foudre est ton âme sœur, mais... Si l'univers tarde à vous réunir, c'est le temps pour toi d'intervenir. Il ne s'agit pas d'interférer avec les plans cosmiques, mais plutôt de prendre le contrôle sur ceux-ci. Une ou deux rencontres « fortuites » suffiront peut-être à mettre votre amour sur la carte.

Être toujours à la bonne place au bon moment, ça relève peut-être de l'art, mais ça peut aussi être une science. Prends le temps de bien planifier ces « rendez-vous ». Tu devras faire preuve de minutie, de patience et d'attention. Mets-toi dans la peau d'un zoologue qui étudie le mode de vie de son espèce préférée ou d'une panthère rusée qui traque sa proie. Essaie de mettre la main sur son horaire de cours et tente de savoir où il lunche, où il passe ses week-ends, à quelle heure il joue au soccer, etc. Tu dois savoir où et à quelle heure tu peux le trouver. Dans tous les cas, la préparation et la proximité seront tes meilleures alliées.

Tu dois aussi avoir en tête une bonne raison de te retrouver là où tu le croises. Tu ne veux pas avoir l'air de le harceler (même si, techniquement, tu es adroitement en train de suivre ses faits et gestes). Quand, « par hasard », tu le rencontreras, sois calme et posée, aimable et subtile. Il n'y verra que du feu... dans la mesure où il ne tombe pas sur toi partout où il va.

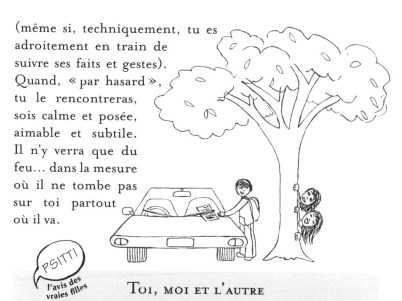

TOI, MOI ET L'AUTRE

« Ma meilleure amie et moi, on avait un coup de foudre pour ce gars plus âgé que nous qui fréquentait le collège juste à côté de notre école. À tour de rôle, on faisait le guet pour voir à quels moments sa voiture était dans le stationnement voisin. Après quelque temps, on connaissait par cœur son horaire de cours. Un jour, on a même laissé une note sur le pare-brise de sa voiture. Après l'école, on allait parfois sur son campus pour le chercher. On ne lui a jamais parlé, mais je suis certaine qu'il savait à qui il avait affaire. **»** - 15 ans

Mise au parfum

Si un gars sent les bas sales, la moufette ou le fromage pas frais, c'est normal que tu n'aies pas envie de le draguer. Si, à ton tour, tu ne sens pas la rose, il se pourrait que l'amour te tourne le dos. Inversement, le bon choix de senteur peut favoriser la venue de l'amour dans ta vie. Ton odeur en dit long sur toi et peut même influencer l'état d'esprit de ton coup de cœur. L'aromathérapie existe depuis des milliers d'années. D'ailleurs, la mythique Cléopâtre aurait elle-même utilisé l'aromathérapie pour concevoir des parfums qui lui auraient valu l'amour et l'admiration de Jules César et de Marc Antoine.

Heureusement, tu n'as pas besoin d'être reine d'Égypte pour sentir bon comme une princesse. Applique un peu (pas trop!) de ton parfum préféré derrière tes oreilles, sur l'intérieur de tes poignets et dans le pli interne de tes genoux et tu seras irrésistible. Par une belle journée, passe tranquillement près de ton chéri. À moins qu'il n'ait le nez bloqué, il remarquera ce doux et subtil effluve et il sera envoûté. La prochaine fois que tu le croiseras (ou lors de votre premier rendez-vous), il reconnaîtra ton odeur. Voilà une belle façon d'imprimer ta présence dans sa

mémoire… à long terme.

*Voici une liste de senteurs à privilégier en fonction du message
que tu souhaites faire passer :*

Pour attirer les dons Juans : gardénia,
patchouli, rose, santal, fraise, vanille

Petits remontants : bergamote, verveine
citronnée, pamplemousse, menthe poivrée,
orange sucrée, tangerine

Calme envoûtant : noix de coco,
concombre-melon, chèvrefeuille,
lavande, myrrhe

Chaleur réconfortante : coco, café, musc,
cannelle, pin

Attraction exotique : jasmin, tubéreuse,
orchidée, fleur de la passion, ylang-ylang

Le jeu de l'(in)accessibilité

Il y a de ces réalités, dans la vie, qui sont carrément stupides, mais avec lesquelles on doit composer. L'une d'entre elles, c'est que la plupart des gars (pas tous, mais quand même) préfèrent les filles indépendantes, confiantes et détachées. C'est un peu comme s'ils voulaient être rejetés (du moins, au début), afin qu'ils puissent se mettre en chasse et te courir après. Pas fort, hein ?

Ne t'en fais pas avec ça. Laisse-le penser ce qu'il veut et s'imaginer comme le chasseur, même si, en vérité, c'est toi qui portes le dossard orange et qui dirige les opérations. Ceci dit, dans tous les sports, il faut quelques habiletés de base et surtout de la pratique. Être indépendante, c'est bien. Être trop indépendante, ça peut ruiner ton jeu. Lis ce qui suit pour parfaire les règles de ton sport.

Inaccessible : Fais-lui simplement une gentille accolade — rien de plus — après votre premier rendez-vous.

Trop inaccessible : Rejette-le sans pitié avant même votre premier rendez-vous en lui envoyant ce message texte : « Désolée, j'ai rencontré quelqu'un d'autre. »

Inaccessible : Attends deux jours avant de retourner son appel.

Trop inaccessible : Attends deux mois avant de retourner son appel.

Inaccessible : S'il t'invite quelque part, dis-lui que tu dois d'abord vérifier ton agenda.

Trop inaccessible : S'il t'invite quelque part, dis-lui que tu dois d'abord vérifier auprès de ton copain.

Inaccessible : Dis-lui innocemment que tu n'as pas besoin d'avoir un copain pour être heureuse.

Trop inaccessible : Dis-lui innocemment que tu n'auras jamais envie d'avoir un copain.

Inaccessible : Quand il te demande s'il peut t'embrasser à la fin de la soirée, tu lui réponds : « Je sais pas... peux-tu ? » Et tu lui envoies le plus mystérieux des sourires.

Trop inaccessible : Quand il te demande s'il peut t'embrasser à la fin de la soirée, marche-lui sur le pied, juste pour voir sa réaction.

Bien envoyé !

Qui n'a pas déjà été mortellement gênée ? Voici quelques répliques mordantes pour te sortir de ces moments embarrassants.

Scénario d'horreur : Le tyran déplaisant de la classe te pointe du doigt et fait voir à tout le monde, incluant ton coup de cœur, que tu as un immense bouton sur le nez.

Répartie idéale : « Dans quelques jours, mon bouton sera parti. Toi, par contre, tu devras vivre avec ta face pour le reste de tes jours. »

Scénario d'horreur : Le gars de tes rêves t'invite à sortir samedi soir et, sans y penser, tu lui réponds que, ce samedi, c'est la soirée de bingo en famille chez toi. Il soulève un sourcil.

Répartie idéale : « Bon, maintenant, tu connais mon secret. Oui, j'aime le bingo, mais surtout ma famille. Que dirais-tu si on se voyait plutôt vendredi ? »

Scénario d'horreur : Ton béguin te dit que tu as du chocolat sur la joue.

Répartie idéale : « Oui, je sais. Je me garde des réserves au cas où j'aurais faim pendant mon cours de parachutisme, cet après-midi. »

PSITT!

l'avis des vraies filles

Un calepin-cauchemar

« La pire chose que j'aie jamais faite a été d'écrire un journal que j'ai rempli de lettres adressées à un gars que j'aimais. Je parlais de ma vie et des sentiments que j'avais pour lui. Mais j'ai été assez stupide pour apporter mon journal à l'école et il l'a trouvé. J'ai failli mourir de honte. » - 15 ans

Quand l'amour frise la folie : Comment gérer (ou éviter) l'obsession

Une chose à la fois (ou comment esquiver les pièges de l'amour-fusion)

Quand on tombe en amour pour la première (ou la deuxième) fois, c'est virtuellement impossible de ne pas se laisser emporter. Mais c'est primordial que tu gardes toute ta tête, même si ton cœur s'emballe. Calme-toi. Laisse cette relation évoluer lentement et sûrement. Si ton coup de foudre s'enflamme trop rapidement, tu pourrais bien te retrouver foudroyée… en un éclair.

Évidemment, quand tu as la tête dans les nuages, c'est presque inimaginable d'avoir les deux pieds sur terre, mais c'est possible. Comment ? Commence par vivre le moment présent. Ne te mets pas à magasiner pour un cadeau de Saint-Valentin ou à faire des plans pour que vous ayez les mêmes cours à l'université. Profite de chaque seconde, au fur et à mesure qu'elles passent. Essaie de garder un certain équilibre dans ta vie. Surtout, ne laisse pas tomber tes amies parce que tu es tombée en amour. Garde-toi du temps pour tes études, tes passe-temps et ta famille. Reste à l'affût de ce qui se passe dans ta vie, en dehors de l'amour. Tu n'en seras que plus attirante.

Aucun garçon ne veut d'une fille qui n'existe qu'à travers lui. Et si c'est le cas, c'est qu'il y a quelque chose qui ne tourne pas rond de son côté aussi.

l'avis des vraies filles

FOLLE DE LUI

« Je suis tombée en amour avec ce gars pendant l'été. Il incarnait tout ce que j'avais toujours attendu d'un coup de foudre. Absolument tout. On avait tellement de plaisir ensemble ; je n'avais jamais été aussi heureuse. Puis, l'été a pris fin et je ne lui ai jamais reparlé. Pendant deux mois, j'étais ultra déprimée… Je me disais que je n'en trouverais jamais un autre comme lui. J'ai une photo de lui, et je la regardais tous les jours, mais il me manquait alors encore plus. J'ai donc demandé à mon frère de la cacher quelque part où je ne la verrais plus. Ça peut paraître étrange, mais c'est ma façon de composer avec ça. Je le reverrai peut-être l'été prochain… Si ça arrive, je serai tellement heureuse ! » - 15 ans

Tu sais que tu es obsédée quand...

♡ Tu ne te rappelles pas quel est ton propre signe, mais tu lis SON horoscope tous les jours.

♡ Tu consultes ta « boule magique numéro 8 » toutes les cinq minutes pour savoir s'il t'aime, oui ou non.

♡ Tu as déjà choisi ta robe de mariée et le nom de vos enfants.

♡ Tu jurerais de ne plus jamais parler à ton frère ou à ta sœur pour être avec lui.

♡ Tu as rempli un cahier entier de petits cœurs où il est inscrit (ton nom) + (son nom) = pour toujours.

♡ Tu te lèves le matin sans vraiment te réveiller, puis tu passes la journée à penser à lui.

♡ Tu penses que ça pourrait être une bonne idée de lui offrir toutes tes économies afin qu'il puisse s'acheter une voiture et être ainsi obligé de venir te chercher tous les matins avant d'aller à l'école.

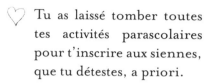 Tu as laissé tomber toutes tes activités parascolaires pour t'inscrire aux siennes, que tu détestes, a priori.

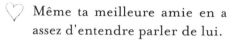 Même ta meilleure amie en a assez d'entendre parler de lui.

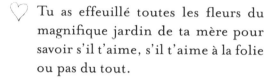 Tu as effeuillé toutes les fleurs du magnifique jardin de ta mère pour savoir s'il t'aime, s'il t'aime à la folie ou pas du tout.

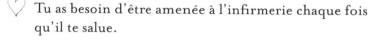 Tu as besoin d'être amenée à l'infirmerie chaque fois qu'il te salue.

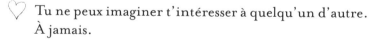 Tu ne peux imaginer t'intéresser à quelqu'un d'autre. À jamais.

Comment dompter cette folie passagère

Maintenant que tu as pris conscience de ton obsession, tu dois apprendre à la contrôler — et à en amoindrir les effets dévastateurs. Voici quelques trucs pour faire un meilleur usage de ton énergie.

Symptôme : Tu viens de te faire prescrire une attelle pour guérir la tendinite au poignet que tu t'es infligée en écrivant son nom dans ton cahier, encore et encore (et encore).

Remède : Trouve une façon plus créative d'exprimer ton amour; rédige un poème, peins un tableau, grimpe une montagne ou plante un arbre en son honneur.

Symptôme : Le récepteur du combiné téléphonique a laissé une impression sur ta joue à cause de la multitude d'appels que tu as fait chez lui (en raccrochant chaque fois que sa voix adorable articulait un irrésistible « Allô ? »).

Remède : Saisis ta chance et ne raccroche pas, pour une fois. Qu'as-tu à perdre ? S'il ne se montre pas trop réceptif, tu sauras alors qu'il est temps de te trouver un autre coup de cœur.

Symptôme : Ses voisins ont commencé à te sourire et à t'envoyer la main quand tu passes devant chez lui pour la dixième fois.

Remède : Trouve-toi un nouveau passe-temps ou deviens bénévole au centre communautaire. Tu as beaucoup trop de temps libre ! Utilise tes loisirs à bon escient et profites-en pour travailler sur toi. Plus tu es bien dans ta peau, plus tu es attirante.

PSITT!

l'avis des vraies filles

UNE VISION

« C'était pendant mon premier cours d'arts. On devait faire une sculpture d'argile. Tout le monde travaillait en silence et j'ai levé les yeux... pour voir de magnifiques yeux bleus qui me regardaient. Dans son visage plein de taches de rousseurs s'est dessiné un sourire, un sourire comme on n'en voit pas tous les jours. Mon cœur battait à tout rompre. Je voyais des étoiles et des petits cœurs danser autour de ma tête. Je rêvassais telle-ment que j'ai pris du retard dans la réalisation de ma sculpture. J'ai passé le reste de la journée à penser à lui. Mon amie Sabrina était catégorique : j'avais attrapé la fièvre de l'amour. J'ai mis trois jours à découvrir comment il s'appelait. Après, j'écri-vais son nom partout dans mes cahiers et sur des petits papiers que je cachais cérémonieusement dans ma chambre dans le tiroir de mon bureau. **»** - 14 ans

Quel est le pire scénario?

Voir ton coup de cœur flirter avec ta meilleure amie **ou** te faire embarrer dans ton casier pour une journée?

Déchirer tes pantalons devant ton coup de cœur **ou** manger une sangsue?

Te faire poser un lapin par ton coup de cœur **ou** ne jamais avoir été invitée à sortir?

Entendre ton ex parler contre toi à ton coup de cœur **ou** être envoyée dans un pensionnat en Sibérie?

Tomber sur ton coup de cœur pendant que tu fais prendre une marche au vilain caniche frisé de ta voisine **ou** te faire faire la plus atroce des coupes de cheveux?

Entendre la pire commère de l'école dire à ton coup de cœur (et à cinq de ses amis) que tu as un faible pour lui **OU** savoir qu'il ne sait pas que tu existes ?

Voir ton coup de cœur embrasser sa nouvelle copine **OU** couler ton cours d'éducation physique ?

Te faire prendre en train d'écrire « J'♡ (nom de ton coup de cœur) » **OU** avoir mis deux souliers différents pour aller à l'école ?

OU Ne jamais te remettre de ton premier coup de foudre ne jamais en vivre un ?

Au nom de l'amour (et de la raison): 10 bonnes façons d'éviter la honte

Écoute bien : quand on aime à la folie, il y a certaines vérités qui ne sont vraiment pas bonnes à dire. Si tu n'as pas déjà crié ton amour sur tous les toits de la façon la plus inappropriée qui soit, compte-toi chanceuse. Si c'est trop tard et que tu t'es déjà commise, ne t'en fais pas, ça aurait sans doute pu être pire. Si ça se trouve, quelqu'un d'autre s'apprête sûrement à s'humilier encore davantage et, quand ce temps viendra, ta déclaration enflammée sera chose du passé.

Quoi qu'il en soit, lis bien la liste qui suit. Puis relis-la attentivement. Vois ceci comme un cadeau offert par les dieux de l'amour qui veulent ton bien, et tâche d'observer ces quelques règles de base.

Choses à ne pas faire :

1. Écrire « (son nom) ♡ (ton nom) » avec un crayon à encre indélébile partout sur son casier, son vélo ou sa voiture.

2. Resynchroniser son iPod avec uniquement des chansons d'amour mélodramatiques, incluant celle que tu as écrite pour lui.

3. Composer un poème qui parle de votre amour et le lire pour lui… devant toute la classe.

4. Te pointer chez lui chaque matin et le suivre jusqu'à l'école, en marchant seulement deux mètres derrière lui.

5. Lui envoyer des cartes de souhaits électroniques pour l'anniversaire de ses parents, la Saint-Valentin, Noël, les Olympiques, le Super Bowl, l'anniversaire de son chien ou même sans aucune raison.

6. Dire à ses amis qu'ils n'ont pas à s'inquiéter et qu'ils seront évidemment invités au mariage.

7. Le supplier, le forcer ou le faire chanter pour qu'il sorte avec toi.

8. Demander à son père ou à son petit frère qu'ils lui parlent de toi.

9. Lui suggérer d'agencer son habillement avec le tien pour aller à l'école.

10. T'attacher à son cou de façon permanente.

C'est dans la poche!
(Bon, qu'est-ce
que je fais,
maintenant?)

Il y a de l'amour dans l'air

Ça y est, c'est fait. Tu lui as mis le grappin dessus. C'est fantastique, non ?

Ceci dit, fais attention. Oui, trouver l'amour, c'est ardu. Mais le garder peut être tout aussi difficile. Ça peut sembler injuste, mais entretenir une relation peut être aussi (et parfois plus) exigeant que de s'y embarquer. Tu n'as qu'à penser au nombre de couples qui se séparent… D'accord, maintenant, arrête d'y penser.

Mais n'oublie jamais à quel point l'amour peut être magique, et à quel point tu es chanceuse que ça fonctionne si bien avec l'élu de ton cœur. On ne peut pas prédire l'avenir. Tout ça pourrait devenir très sérieux. Tu pourrais aussi être sérieusement désenchantée (on a vu pire).

Pour le moment, concentre-toi sur ce que tu vis et prends les choses comme elles viennent, un jour à la fois. Applique-toi à apprécier chaque instant. Une chose est certaine : une foule d'autres beaux moments t'attendent, que ce soit avec ce chanceux… ou le prochain.

Ciné-collé : 15 films à regarder main dans la main

1. *La Saint-Valentin (Valentine's Day)* — 2010
2. *Année bissextile (Leap Year)* — 2010
3. *500 jours ensemble (500 Days of Summer)* — 2009
4. *L'homme, c'est elle (She's the Man)* — 2006
5. *Voici Polly (Along Came Polly)* — 2004
6. *13 ans bientôt 30 (13 Going on 30)* — 2004
7. *Réellement l'amour (Love Actually)* — 2003
8. *Fashion victime (Sweet Home Alabama)* — 2002
9. *Chevalier (A Knight's Tale)* — 2001
10. *Un baiser, enfin ! (Never Been Kissed)* — 1999
11. *Coup de foudre à Notting Hill (Notting Hill)* — 1999
12. *10 choses que je déteste de toi (10 Things I Hate About You)* — 1999
13. *Shakespeare et Juliette (Shakespeare in Love)* — 1998
14. *La princesse Bouton d'or (The Princess Bride)* — 1987
15. *L'amour à 16 ans (Sixteen Candles)* — 1984

Prise de becs

Bon, te voilà en couple, ce qui veut dire qu'il y a sans doute quelques baisers à l'horizon. Évidemment, quand il est question de bisous, le meilleur prof, c'est l'expérience. Voici quand même quelques trucs qui t'aideront à savoir comment t'y prendre.

- **Pour une haleine fraîche.** Assure-toi de t'être bien brossé les dents (plus c'est récent, mieux c'est). Si ce n'est pas chose possible, prends vite une menthe. Rien ne ruine davantage un rapprochement que la mauvaise haleine.

- **Sois bien à l'aise.** C'est déjà bien assez gênant d'embrasser un gars sans que tu aies besoin de faire semblant d'être super confortable, alors que tu te tiens en équilibre sur le bout des pieds.

- **Vas-y doucement, championne.** Tu ne veux ni te casser le nez, ni lui mordre la lèvre, ni lui encocher une dent.

- **Ferme les yeux.** C'est beaucoup moins embarrassant. En plus, tu peux alors t'imaginer dans un champ de fleurs sauvages ou à la plage, avec le son des vagues en arrière-plan, plutôt que dans un stationnement, à côté d'une voiture.

- **Garde les lèvres bien scellées.** La langue n'est pas toujours la bienvenue, surtout pas au début. Une chose à la fois !

Aie des lèvres bien hydratées. Une bouche sèche est plus difficile à embrasser, moins invitante. L'idée, ce n'est pas de baver, par contre. La modération a toujours meilleur goût.

Attention aux excès. Quand tu l'embrasses, imagine que tu es une exploratrice en pleine découverte, et non perdue en mer en pleine tornade. Rappelle-toi : il n'y a pas le feu !

Mords dans la vie. Mais dans ce cas-ci, pas à pleines dents. Si tu lui mordilles gentiment la lèvre, il risque d'apprécier. Si tu n'en fais qu'une bouchée, tu risques de ne jamais le revoir.

Respire. Inspire par le nez, expire par le nez. Inspire par le nez, expire par le nez.

Bec d'eskimo. Frottez-vous doucement le nez, les bras, les joues ou les pieds.

C'est la pratique qui te rendra experte !

TNT: 10 rendez-vous explosifs

Comme si ce n'était pas assez difficile de tomber sur le bon gars, maintenant, tu dois aussi t'inquiéter de savoir le garder. Bien que tu ne puisses pas vraiment contrôler la vivacité de votre flamme, tu peux au moins essayer de l'entretenir avec ces quelques idées pour passer du bon temps.

Quelques propositions :

1. Amène-le pique-niquer. Pense, par exemple, à apporter une bouteille de cidre pétillant, du fromage et des raisins (que tu pourras lui faire manger un à un, si le cœur t'en dit).

2. Procure-toi les meilleurs billets pour le concert de son groupe préféré.

3. Retrouvez l'enfant en vous et rendez-vous au parc pour vous balancer, main dans la main, au coucher du soleil.

4. Allez à la foire et faites un tour de montagnes russes et partagez une barbe à papa.

5. Planifie un tour d'hélicoptère ou de montgolfière.

6. Invite-le à manger des sushis ou un autre mets exotique.

7. Rendez-vous, en vélo, vers l'étendue d'eau la plus près et installez-vous sur la berge pour discuter jusqu'à la sortie des mouches à feu.

8. Va louer son film favori et commande du chinois. Lisez le message de vos biscuits de fortune à voix haute.

9. Partagez un milkshake géant au resto du coin.

10. Faites une visite au zoo pour aller voir les bébés pandas (ou les lions ou les tigres ou les ours. Ooooh !).

Ambiance feutrée :
20 chansons à écouter collés

1. *Oiseau de paradis,* Marie-Jo Thério
2. *I'm in Love,* Audio Bullys
3. *Beautiful,* James Blunt
4. *Premier baiser,* Ann Victor
5. *I Miss You,* Blink 182
6. *Bella Luna,* Jason Mraz
7. *Le toi du moi,* Carla Bruni
8. *Thank You,* Dido
9. *Secret Heart,* Feist
10. *In Your Eyes,* Peter Gabriel
11. *Maybe I'm Amazed,* Paul McCartney
12. *Depuis,* Marc Déry

13. *Somewhere Only We Know,* Keane

14. *Time After Time,* Cyndi Lauper

15. *By Your Side,* Sade

16. *Con toda palabra,* Lhasa de Sela

17. *In the Cold, Cold Night,* The White Stripes

18. *Un p'tit tour,* Les cowboys fringants

19. *Dia de Enero,* Shakira

20. *Les deux printemps,* Daniel Bélanger

Sois créative !

C'est facile d'aller au magasin pour acheter un cadeau ; tout le monde peut faire ça. Si tu veux montrer à ton chéri que sa blonde (oui, oui, c'est toi, ça !) n'est pas comme tout le monde, réveille l'artiste qui sommeille en toi et fabrique toi-même un cadeau spécial. Sois créative !

Ces petites pensées faites avec amour sont encore plus mignonnes en guise de cadeaux spontanés, de présents qu'on donne sans autre raison que « je t'aime bien et ça m'a fait penser à toi ».

Ton homme sera surpris, flatté et touché par cette attention. Prends le temps de réfléchir et de penser à lui avant de t'y mettre. Pense à sa personnalité, à ses passe-temps et à ce qu'il aime, puis laisse-toi inspirer pour créer un cadeau extraordinaire, comme toi.

Il est du type littéraire ?
Prends des cours de reliure ou de papeterie et fabrique un magnifique livre vierge dans lequel il pourra consigner ses pensées.

C'est un fana de musique ?

Prépare une liste de lecture composée de ses chansons préférées et trouve les paroles de chaque chanson pour compléter ton œuvre.

Il adore les sports de glisse ?

Tricote des bas chauds (avec les orteils séparés) ou un long foulard pour agrémenter son équipement.

Il a la dent sucrée ?

Mets-toi au fourneau et prépare des biscuits en forme de cœur. Avec du glaçage, ajoute de petits mots d'amour. Pour encore plus de fantaisie et de saveur, ajoute des copeaux de chocolat belge.

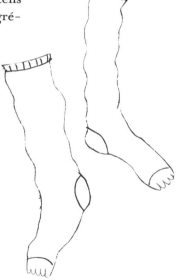

L'éteignoir : 20 façons de tuer la flamme

C'est parfois difficile de faire la part des choses et de savoir quand trop, c'est trop (ou pas assez) en matière d'amour. Même la plus solide des relations doit être traitée aux petits oignons. En couple, tu ne peux pas dire et faire ce que tu veux quand tu le veux. Tu dois d'abord prendre en considération la possible réaction de ta douce moitié. Peu importe à quel point ton homme essaie de se montrer fort, il est sans doute aussi sensible que toi (même s'il le cache bien). Alors, si tu tiens un tant soit peu à lui, tu dois à tout prix éviter certains agissements.

Tu ne dois pas :

1. Lui parler en bébé devant ses amis.

2. Rire quand il essaie de t'embrasser.

3. Avoir l'air exaspérée chaque fois qu'il blague.

4. Lui dire que tu ne veux parler que de toi.

5. Arrêter de te laver et de prendre soin de toi.

6. T'habiller comme une religieuse.

7. Flirter avec ses amis.

8. L'appeler par le nom de ton ex (surtout pas plus d'une fois).

9. T'essuyer la bouche après qu'il t'ait embrassée.

10. Manger une gousse d'ail avant chacun de vos rendez-vous.

11. Faire comme si tu ne le connaissais pas en public.

12. Être malade… sur ses chaussures.

13. Rouler des yeux quand il te dit à quel point il t'aime.

14. Te faire prendre en train de fouiner dans ses affaires.

15. Le harasser au sujet de ses ex.

16. Lui servir un coup de karaté chaque fois qu'il dit quelque chose qui te déplaît.

17. Baver devant lui.

18. Prononcer les mots : « Je veux sortir avec d'autres gars. »

19. Avaler ton lunch (et le sien) sans même mâcher.

20. Mettre la main sur son carnet d'adresses et appeler tous les numéros que tu ne connais pas pour voir s'il n'est pas en contact avec une autre fille.

Problèmes à l'horizon

Ce n'est pas parce qu'il y a une fuite dans la coque que votre bateau est nécessairement en train de couler. Si ton chéri ne regarde pas ailleurs, c'est que vous êtes encore à flot. Pas de panique ! Tu peux quand même allumer les moteurs, colmater les trous et te munir (ainsi que ton homme) d'une veste de sauvetage. Voici comment y parvenir :

- Faire semblant de rien, ça ne fonctionne jamais. Essaie de parler (et non de crier) avec ton chéri de ce qui se trame dans votre relation. Tente de découvrir ce qu'il pense vraiment. Si vous vous ouvrez l'un à l'autre, vous vous sentirez déjà plus proches et plus unis.

- Rappelle-toi les débuts. Passiez-vous plus (ou moins) de temps ensemble ? Riais-tu davantage de ses blagues ? Le regardais-tu différemment ? Essaie de te réapproprier cette magie.

- Organise une soirée en tête à tête. Juste pour vous deux – pas d'amis, pas de textes, pas de cellulaires.

- Sois attentive à ton amoureux. Et ça ne veut pas dire de le fixer comme si tu voulais gagner un concours d'endurance ou de le dévisager comme si c'était un hurluberlu dont tu devais étudier le comportement. Ça veut plutôt dire d'essayer de te taire pendant quelques secondes pour le laisser parler. Tu seras surprise de constater à quel point il a des choses à dire… quand tu lui en laisses la chance.

Apprends à aimer (ou, du moins, à apprécier ne serait-ce qu'un aspect de) son passe-temps préféré. Tu n'as pas besoin d'être une experte de la planche pour savoir ce qu'est un ollie et pour admettre que ça requiert un certain talent, comme tu n'as pas besoin de te peindre le visage aux couleurs de l'équipe pour apprécier une partie de football.

La routine peut facilement éteindre le feu. Renouvelez-vous ! Donnez-vous rendez-vous au resto thaï du quartier au lieu de retourner manger de la pizza. Faites un pique-nique romantique dans ton salon ou prenez des cours d'escalade. Faites quelque chose — n'importe quoi — qui sort de l'ordinaire.

Surprends-le. Glisse une note amusante dans son livre de maths ou envoie-lui un message texte que lui seul peut décoder. C'est une bonne façon de lui rappeler à quel point sa chérie peut être mignonne et attentionnée.

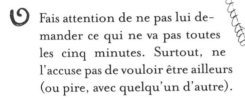

Fais attention de ne pas lui demander ce qui ne va pas toutes les cinq minutes. Surtout, ne l'accuse pas de vouloir être ailleurs (ou pire, avec quelqu'un d'autre).

Prends du temps pour toi. Ressors tes vieilles aiguilles à tricoter (qui sont en train de se fossiliser dans ton armoire) ou ton ballon de soccer (qui dort sous ton lit) et amuse-toi. Si toi, tu te sens bien, ton couple ne s'en portera que mieux.

Si besoin il y a, sois prête à quitter le navire. C'est parfois mieux de plonger et de nager seule vers la rive que de lutter pour garder à flot un bateau trop abîmé.

Fatalement foudroyée : comment survivre à l'amour sans retour

L'agonie du rejet

La pire des tortures, c'est sans contredit de vivre un amour à sens unique, un amour qui n'est pas, n'a pas été ou ne sera jamais réciproque. Nombreuses sont les filles qui préféreraient être tout bonnement larguées plutôt que de vivre un tel cauchemar où elles n'ont même pas pu partager ne serait-ce qu'une journée avec le gars de leurs rêves. Au moins, quand tu te fais larguer, c'est que tu as été en relation, si courte ou triste fut-elle.

Peut-être seras-tu réconfortée à l'idée que tu n'es pas la seule à vivre ces tourments. L'amour à sens unique est sans doute la plus répandue des afflictions. Ça a d'ailleurs inspiré nombre d'auteurs, d'artistes et de musiciens à travers les âges. Un des exemples les plus tragiques et célèbres remonte aussi loin qu'au XIIIe siècle, alors que le poète italien Dante Alighieri eut un coup de foudre pour Béatrice, qui n'avait que neuf ans ! Il ne l'a jamais vraiment connue. Il ne l'a croisée que quelques fois sur la rue, par hasard, mais il a consacré presque toute sa vie (et son œuvre) à son amour pour elle. Mmh. On peut aussi penser à Charlie Brown qui n'en avait que pour sa Petite fille rousse. Il l'a dit lui-même : « Il n'y a rien qui rende le beurre d'arachide plus fade qu'un amour à sens unique. »

Certaines pensent que la meilleure façon de se remettre d'un amour impossible est de se mettre en quête d'un nouveau coup de foudre. Les meilleures amies et le chocolat chaud sont aussi de précieux alliés. Mais, malheureusement, seul le temps (beaucoup, beaucoup de temps) peut assurer une guérison complète.

l'avis des vraies filles

Le sujet est clos

≪ C'était vraiment le gars parfait. Pendant l'été, on est devenus de très bons amis. Je sais qu'il n'était pas mon copain, mais ça m'a tout de même fait souffrir quand j'ai appris qu'il était en couple. Il m'avait pourtant dit qu'il ne voulait rien précipiter. **≫** - 13 ans

Signes avant-coureurs : 10 façons de prédire qu'il n'est pas vraiment intéressé

Parfois (d'accord, presque tout le temps), c'est difficile d'accepter l'inévitable, particulièrement quand c'est exactement le contraire de ce que tu souhaites. Parfois, la réalité fait mal. Et parfois, même tes amies n'insisteront pas pour te rappeler l'évidence parce qu'elles ne veulent pas te blesser. Ainsi, parfois, tu devras affronter la vérité et être forte, comme une grande.

Voici une liste d'indices qui ne trompent pas et qui confirment qu'il a la tête (et le cœur) ailleurs. Après les avoir lus et reconnus, pleure un bon coup, puis concentre tes énergies sur ta recherche de quelque chose — ou quelqu'un — de plus prometteur.

1. Il ne se souvient jamais de ton nom, même si vous avez été présentés plus d'une fois.

2. Il est distrait ou il regarde ailleurs quand tu lui parles.

3. Il t'appelle championne, « man » ou chose.

4. C'est toujours toi qui appelles, qui textes ou qui écris pour le saluer. Et il ne répond pas toujours.

5. Il te demande des conseils pour se rapprocher d'autres filles.

6. Il ne te touche jamais, même pour une gentille tape sur l'épaule.

7. Il se lève et va s'asseoir ailleurs quand tu t'installes à côté de lui à l'heure du lunch.

8. Il t'invite rarement — voire jamais — à sortir. Et quand tu l'invites, il dit presque toujours non.

9. Il t'ignore quand il est avec ses amis.

10. Le numéro de téléphone qu'il te donne quand tu lui demandes où tu peux le joindre commence par 555 et les quatre derniers chiffres forment un mot disgracieux.

La vérité est parfois bonne à dire

Tu es en amour avec lui depuis plus d'un an et tu es presque certaine que ce n'est pas réciproque. Est-ce que tu fonces et tu le lui dis quand même ?

Sortir de l'ombre, c'est risqué, surtout si tu penses que ça pourrait nuire à votre amitié ou encore altérer ta réputation (c'est long à construire, mais si facile à démolir). Si tu es sûre qu'il n'est pas prêt à être ton cavalier, tiens ça mort (et évite de trucider ton ego, par la même occasion).

Ceci dit, tu pourrais te sentir mieux après avoir vidé ton sac. Pour certaines, c'est la seule façon de passer par-dessus. Si tu choisis d'emprunter cette voie, il n'y a malheureusement pas de parfaite phrase toute faite qui résume bien le « j'ai vraiment un faible pour toi, même si je suis presque certaine que tu ne partages pas mon sentiment ». Prends le temps de réfléchir à ce que tu veux dire, pourquoi tu veux le dire et comment tu espères passer ton message. Rappelle-toi aussi que, même si c'est toi qui te trouves dans la position inconfortable cette fois-ci, il a sûrement déjà vécu quelque chose de semblable, ce qui veut dire qu'il comprendra comment tu te sens et qu'il va sans doute apprécier ton honnêteté. Qui sait, il pourrait même te surprendre en réagissant de façon inattendue. Mais tâche de ne pas avoir d'attentes en ce sens. Surtout pas.

En définitive, quand tu te seras vidé le cœur, tu sauras enfin ce qu'il ressent. Et, peu importe ce qu'il advient, une chose est certaine, c'est que tout ira bien.

TENTATIVES RISQUÉES

« Moi, j'écris des notes aux garçons. S'ils me plaisent vraiment, je laisse même mon numéro de cellulaire au bas de la note. Est-ce que je me suis déjà fait prendre ? En fait, je m'expose tellement que je m'y prends moi-même avant de me faire prendre. Ça fait partie de ma personnalité. Comme ça, le gars ne se doute pas que je craque pour lui. » - 16 ans

Sentences rêvées pour ces idiots qui t'ont rejetée

LE CRIME	LA SENTENCE
Le bavasseur :	On lui coupe la langue et on la donne à manger aux chiens errants.
Le vantard :	Tous ses amis le pointent du doigt et éclatent de rire chaque fois qu'il entre dans la classe. On ne lui dit jamais pourquoi. Jamais.
L'interrupteur :	Un oiseau lui fait sur la tête (même quand il est à l'intérieur) chaque fois qu'il coupe la parole à quelqu'un.
Le plaintif :	Une grenouille reste littéralement coincée dans sa gorge.
L'éternel retardataire :	Il ne se réveille pas le matin des examens finaux et doit reprendre l'année scolaire en entier.

L'emprunteur irresponsable :

Ses nouveaux pantalons se déchirent chaque fois qu'il se penche... jusqu'à ce qu'il ait 21 ans.

Le lèche-bottes :

Il ne peut plus jamais cligner des yeux. Il perd toutes ses dents.

L'amoureux occasionnel :

Il tombe amoureux d'une fille qui le trompe à répétition.

L'opportuniste :

Il est obligé de travailler comme distributeur de feuillets, déguisé en poulet, posté à une intersection achalandée.

Le percussionniste de table :

Il perd ses pouces dans un bête accident de tondeuse. Du poil pousse dans ses paumes.

Alerte au harcèlement : quand un béguin va trop loin

Lettre à un perdant

Ton coup de foudre est peut-être devenu ton copain. Il t'a peut-être brisé le cœur. Ou il s'est peut-être (on a bien dit peut-être) avéré être un idiot de première. Si tu en doutes, voici quelques indices irrévocables :

Est-ce qu'il suit chacun de tes pas comme un chien de poche ? Est-ce qu'il t'appelle, te texte ou t'écrit toutes les 20 secondes ? Est-ce qu'il refuse de comprendre, même si tu as été plus que convaincante quant à ton manque d'intérêt pour lui ?

Si ses constantes attentions deviennent plus inquiétantes que flatteuses, voici une lettre qui pourrait bien t'aider à rompre les liens… pour de bon.

Consulte la liste aux pages 112 et 113 pour compléter ta lettre.

Cher [*insère ici un nom ou un autre mot bien choisi*],

Je ne sais pas si on t'a déjà dit ça, mais tu commences à me donner envie de [*choisis dans la liste A*].

J'ai bien essayé de te dire que j'aimerais [*choisis dans la liste B*], mais on dirait bien que tu ne m'écoutes pas.

Tu devrais plutôt tourner ton attention vers [*choisis dans la liste C*] et me laisser tranquille.

Oui, on a connu quelques moments [*choisis dans la liste D*], mais je te perçois plutôt comme un [*choisis dans la liste E*].

Je suis certaine que tu auras plus de succès [*choisis dans la liste F*].

Je veux que tu saches que je serai toujours [*choisis dans la liste G*].

Prends soin de toi et, s'il te plaît, [*choisis dans la liste H*] !

Au revoir (et cette fois, c'est pour de bon),

[*ton nom*]

A

m'arracher les cheveux
changer d'école
ne plus jamais sortir avec un gars

B

qu'on soit juste des amis
faire comme si on ne s'était
   jamais rencontrés
m'enfuir en courant quand
   je te vois

C

une autre fille
la vie religieuse
ta collection de roches

D

corrects
sympas
que je préfère oublier

E

fardeau
bon ami
cousin obscur

F

avec ta prochaine relation
à Vegas
si tu te croises les doigts

G

un peu inquiète quand tu seras dans les parages
celle que tu ne voudras pas laisser tranquille
désolée de n'avoir pas pris conscience de tout ça plus tôt

H

retire mon nom de ta liste de contacts
ne m'appelle pas avant d'être en amour
** avec quelqu'un d'autre**
arrête de m'espionner

L'AUTRUCHE

« Ma façon de faire comprendre à l'autre que ça ne fonctionne pas ressemble à ça : j'évite toute confrontation possible. Ne me jugez pas avant de l'avoir essayé. C'est surprenant comme ça peut être efficace. » - 16 ans

Amoureux transi ou harceleur effrayant?

Si tu te demandes si ton nouvel amoureux ne serait pas trop fou de toi, c'est que c'est probablement le cas. Pourtant, la ligne est parfois mince entre fou d'amour et fou à lier. Consulte ce qui suit pour savoir si tu as affaire à un amour ou à un psychopathe.

Ton nouveau chéri …	Mignon	Inquiétant
t'appelle tous les jours	X	
t'appelle toutes les heures		X
s'est fait tatouer ton nom sur le front		X
a toujours l'air heureux de te voir	X	
a engagé un détective pour t'espionner quand vous n'êtes pas ensemble		X
aime tenir ta main en public	X	
est gentil avec ta mère	X	
campe devant chez toi		X

	Mignon	Inquiétant
se pointe dans tes réunions de famille, tes sorties de filles et tes rendez-vous chez le médecin sans avoir été invité		χ
t'envoie un gentil message texte chaque jour	χ	
te suit même aux toilettes deux fois par jour		χ
harcèle sans cesse tes amies pour obtenir des informations compromettantes à ton sujet		χ
t'offre un gros bouquet de fleurs pour ton anniversaire	χ	
rase l'arrière de son crâne en inscrivant tes initiales		χ
te dit à quel point tu es mignonne	χ	
veut que vous vous habilliez pareil		χ
ne veut pas que tu parles à d'autres garçons, pas même ton frère		χ
porte ton sac pour toi	χ	
ne plaisante pas quand il te balance sur son épaule et t'appelle « ma femme »		χ

Réparties assassines pour harceleur insistant

Un indésirable admirateur te traque et essaie de t'accrocher? Voici quelques savoureuses réparties à garder en tête pour répondre à sa prochaine tentative :

Irritant : Tiens, je te donne 50 ¢. Va appeler ta mère pour lui dire que tu sors avec moi.

Ta réponse : Tiens, prends 2 $ et va t'acheter du rince-bouche dans les toilettes.

Irritant : Chérie, c'est quoi ton signe ?

Ta réponse : Lion ascendant Scorpion. Penses-y.

Irritant : J'irais au bout du monde pour toi.

Ta réponse : Parfait. Vas-y. Et ne reviens pas.

Irritant : Je sais que tu me veux.

Ta réponse : Oui, je te veux hors de ma vue.

Irritant : Avec moi, tes rêves vont devenir réalité.

Ta réponse : Ah oui ? Je me sens plutôt dans un cauchemar.

Soirée d'horreur : 15 films où l'amour fait peur

1. *Obsédée (Obsessed)* — 2009

2. *L'appartement (Wicker Park)* — 2004

3. *Un rendez-vous avec Drew (My Date with Drew)* — 2002

4. *L'obsédée (Swimfan)* — 2002

5. *À la folie... pas du tout (He Loves Me, He Loves Me Not)* — 2001

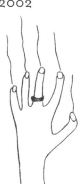

6. *Un pari cruel (Cruel Intentions)* — 1999

7. *Apparences (What Lies Beneath)* — 1999

8. *Le gars du câble (The Cable Guy)* — 1996

9. *Obsession mortelle (Fear)* — 1996

10. *Le coup de foudre (The Crush)* — 1993

11. *Jeune femme cherche colocataire (Single White Female)* — 1992

12. *Misery* — 1990

13. *Liaison fatale (Fatal Attraction)* — 1986

14. *Un frisson dans la nuit (Play Misty for Me)* — 1971

15. *Hantise (Gaslight)* — 1944

Le début de la fin :
tristes jours
passés, lendemains
plus heureux

Au revoir, farewell, auf wiedersehen

Fonce. Lâche prise. Ne regarde pas en arrière.

C'est facile à dire, mais moins facile à faire. Pourquoi? C'est compliqué. C'est peut-être simplement parce que tes espoirs ont été anéantis ou parce que tu as perdu la personne à laquelle tu tenais le plus. C'est peut-être parce que tu as souffert, tu as été humiliée ou encore trahie. Ou c'est peut-être juste que les choses ne se sont pas passées comme tu le souhaitais.

Voir l'amour s'éteindre ou voir faner l'espoir de le trouver chez une personne en particulier, c'est difficile, peu importe les circonstances. Mais il existe des moyens d'adoucir la douleur. Évidemment, tu ne peux te remettre d'une histoire d'amour en criant ciseaux, mais combien de temps te faudra-t-il? Ça dépend. D'abord, combien de temps ton couple (si a priori vous avez été un couple) a-t-il duré et comment ça s'est fini? Ça dépend aussi de toi. La rupture n'est pas gérée par une formule mathématique et aucun son de cloche ne signale la fin de la partie. Chaque fille compose avec sa peine à sa façon. C'est rassurant et un peu triste à la fois. Tu ne trouves pas?

UNE SÉPARATION DOUCE-AMÈRE

« L'été dernier, j'ai rencontré un gars qui a deux ans de plus que moi. On a vraiment passé du bon temps. On pouvait parler de n'importe quoi (on était tous les deux des animateurs, au camp). Il y a eu de ces moments où on était super proches. Mais il ne s'est rien passé. J'ai été tellement heureuse pendant ces trois semaines ! Mais le camp s'est achevé et on ne s'est pas parlé depuis. Quelques-unes de mes amies vont à la même école que lui et me disent qu'il a une mauvaise réputation auprès des filles. Moi, je ne l'ai pas vu comme ça et je connais sa vraie nature. » - 15 ans

Thérapie commerciale

Tu serais surprise de voir à quel point l'achat de nouvelles sandales, de LA robe dernier cri ou d'un joli pyjama en soie peut faire du bien à ton moral aplati. Un peu de shopping récréatif ne peut guérir un cœur brisé, mais il peut certainement lui faire oublier, du moins temporairement, un peu de sa peine. Ça a été prouvé (par des méthodes hautement nonscientifiques).

Pourquoi ne pas organiser un après-midi au centre commercial entre filles ? Entre deux cabines d'essayage, tu pourras à souhait parler contre ton ex, alors que le département des souliers se prêtera parfaitement aux échanges à propos des bienfaits de la vie de célibataire. C'est meilleur pour la santé physique que la crème glacée, et c'est surtout meilleur pour ta santé mentale que de rester enfermée chez toi à pleurer toutes les larmes de ton corps. Cependant, fais attention de ne pas perdre le contrôle en dépensant toutes tes économies. Quand tu auras retrouvé tout ton esprit (en même temps que ta confiance en toi et en l'amour), tu risques de trouver un meilleur usage pour ton argent durement gagné.

Au-dessus de tout ça : 15 chansons qui célèbrent ton indépendance

1. *Une femme qui sait ce qu'elle veut* — Teri Moïse
2. *Me, Myself, and I* — Beyoncé
3. *Since You've Been Gone* — Kelly Clarkson
4. *Everyday I Love You Less and Less* — Kaiser Chiefs
5. *Célibataire* — Ginie Line
6. *My Happy Ending* — Avril Lavigne
7. *I Can See Clearly Now* — Everlife (ou Jimmy Cliff)
8. *Boytoy Baby* — Maria Mena
9. *Don't Bother* — Shakira
10. *The Comeback* — Shout Out Louds
11. *L.O.V.E.* — Ashlee Simpson
12. *Hollaback Girl* — Gwen Stefani
13. *Cry Me a River* — Justin Timberlake
14. *Kiss Off* — Violent Femmes
15. *Little Acorns* — The White Stripes

L'enterrement amoureux

Chère amie, nous sommes ici réunies aujourd'hui pour enterrer le passé et ton coup de foudre (évidemment, c'est une façon de parler). Que votre amour ne se soit jamais matérialisé ou qu'il se soit transformé en une belle relation qui s'est vite consumée pour mieux s'éteindre, tu dois l'admettre, c'est maintenant terminé. Et c'est triste.

Tous les courriels, les petites notes, les billets et les messages qui ont fait battre ton cœur doivent maintenant être revus (brièvement) pour ensuite être enterrés, effacés, classés ou entreposés sur une clé USB qui, à son tour, disparaîtra. Tu dois cacher tous ces souvenirs dans un endroit où tu ne seras pas tentée de les repêcher avant que tu ne sois en parfaite harmonie avec ce qui s'est passé. À quand, ce moment de paix, demanderas-tu ? Tu le sauras quand l'idée de sa seule existence ne te fera pas sentir coincée dans une pièce hermétique trop petite ou ne te donnera pas l'impression que ta tête est dans tes orteils et vice-versa.

La cérémonie de l'enterrement amoureux n'a pas besoin d'une grande mise en scène. Ça ne prendra que quelques minutes (ou quelques heures si c'était un grand amour), et tu verras à quel point ça peut être apaisant. C'est la meilleure façon qui soit de dire au revoir pour une dernière fois à ce que tu as aimé et chéri, puis perdu. En fait, quand on y pense, ce n'est pas si triste que ça. Un enterrement où personne ne meurt, c'est quand même encourageant.

Passer au travers

« Frapper un sac de boxe, c'est toujours salutaire. Tu n'as qu'à coller une photo de la personne dessus et c'est encore plus efficace. » - 13 ans

Miraculeux mantras

Un mantra est une phrase personnelle que tu répètes jusqu'à ce que tu assimiles cette vérité que tu avais oubliée. C'est un peu comme une forme de méditation parlée. Installe-toi confortablement, ferme les yeux, prends quelques respirations profondes et répète ton mantra. Articule-le à voix haute (ou dans ta tête) au moins dix fois ou davantage, au besoin. En moins de temps qu'il n'en faut pour dire mantra, tu seras de retour dans le monde et les garçons recommenceront à te papillonner autour. Tu ferais mieux d'y aller de tes propres créations, mais en cas de manque d'inspiration, voici quelques suggestions pour amorcer ta réflexion.

☆ Ce qui ne tue pas… fait vraiment mal. Mais je survivrai et ça me rendra plus forte éventuellement.

☆ Un nouveau coup de foudre vaut mieux qu'un coup de cœur en dilettante. Je vise un plus grand et plus intense coup de foudre.

☆ Dans 20 ans, moi, au moins, j'aurai encore des cheveux.

☆ Avoir le cœur brisé, ça fait partie de la vie. Même [*insère ici le nom d'une star hollywoodienne que tu aimes*] a déjà été brutalement larguée.

☆ Hollywood, me voici ! J'ai en tête tout le matériel nécessaire à l'élaboration du parfait scénario pour un feuilleton.

☆ Sincèrement, il ne sait pas ce qu'il manque.

☆ Je suis une fille merveilleuse et je suis un TRÈS bon parti.

☆ Je suis prête pour le prochain.

À propos de l'auteure

Erin Elisabeth Conley est une auteure et éditrice pigiste qui partage son temps entre Buenos Aires, en Argentine, et San Francisco, en Californie. Sa fripouille de chat, Mouche, l'accompagne partout. Elle ne compte plus les coups de foudre qu'elle a vécus.